学ぶ人は、変えてゆく人だ。

目の前にある問題はもちろん、

人生の問いや、

社会の課題を自ら見つけ、

挑み続けるために、人は学ぶ。

「学び」で、

少しずつ世界は変えてゆける。

いつでも、どこでも、誰でも、

学ぶことができる世の中へ。

旺文社

JN036239

英検分野別ターゲット

文部科学省後援

英検®3級 ライティング 問題

旺文社

はじめに

　本書は実用英語技能検定（英検®）3級の英作文（ライティング）問題に特化した問題集です。

　旺文社の『英検分野別ターゲット』は，もともと英検上位級対策としてご好評をいただいていたシリーズでした。しかし，英検2級・準2級・3級に英作文が導入され，これらの級もじっくり分野別に対策したいというご要望を多くいただきました。そこでこの度，本シリーズは3級まで幅を広げ，特に需要の高まっている「英作文（ライティング）」を刊行することにいたしました。

　本書には以下のような特長があります。

英検の「採点基準」にそった攻略法を学べる
理想の「書き方（文章の型）」をマスターして，採点されるポイントを確認しましょう。解答に何が求められているかを知ることができれば，ハイスコアをねらえます。

「チェックリスト」と「NG解答例」で振り返り学習ができる
練習問題を解いた後は，チェックリストを使って自分の解答を振り返ることができます。またNG解答例も紹介しているので，間違った英文や言い回しについても知ることができます。

パソコンでCBT対策もできる
Web特典では模範解答の音声を聞いたり，解答用紙をダウンロードしたりできます。また，タイピング練習などのCBT対策もできます。

　本書をご活用いただき，英検3級に合格されることを心よりお祈りしております。

　終わりに，本書を刊行するにあたり，多大なご尽力をいただきました入江泉先生に深く感謝の意を表します。

旺文社

※本書の内容は，2020年2月時点の情報に基づいています。受験の際は，英検ウェブサイト等で最新情報をご確認ください。
※英検1〜3級では2024年度から一部の問題の形式が変わりました。本書は，2023年度までの試験形式に対応していますが，以下のウェブサイトの情報と合わせて新試験対策ができます。
　URL：https://eiken.obunsha.co.jp/2024renewal/

CONTENTS

Chapter 1 攻略ポイント

Chapter 2 練習問題

Chapter 3 模擬テスト

執筆　入江 泉
編集協力　株式会社交学社，朱 明奈，久島智津子
装丁・本文デザイン　相馬 敬徳（Rafters）
録音　ユニバ合同会社（Julia Yermakov）

本書の利用法

Chapter 1 攻略ポイント

「問題形式と過去問分析」で問題形式と過去問の傾向を確認しましょう。その後，英作文の書き方と攻略法を詳しく解説していますので，よく読んで覚えましょう。

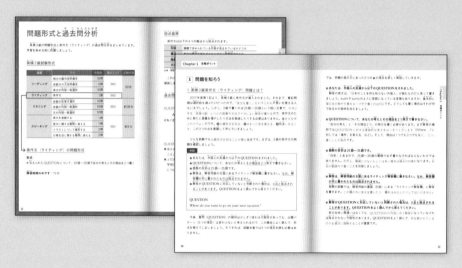

Chapter 2 練習問題

まずは練習問題に挑戦しましょう。ヒントとメモ欄つきで，より取り組みやすくなっています。模範解答とNG解答例を確認してから，最後に自分の解答を振り返りましょう。

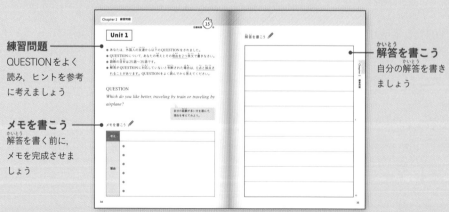

練習問題
QUESTIONをよく読み，ヒントを参考に考えましょう

メモを書こう
解答を書く前に，メモを完成させましょう

解答を書こう
自分の解答を書きましょう

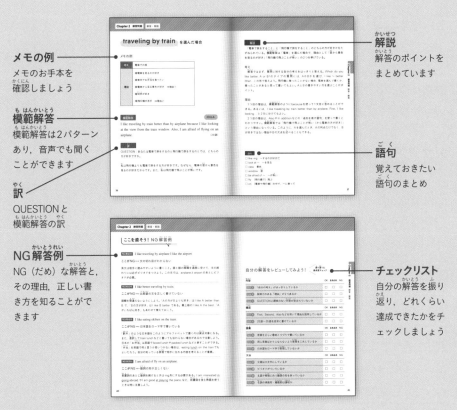

メモの例
メモのお手本を
確認しましょう

模範解答
模範解答は2パターン
あり，音声でも聞く
ことができます

訳
QUESTIONと
模範解答の訳

NG解答例
NG（だめ）な解答と，
その理由，正しい書
き方を知ることがで
きます

解説
解答のポイントを
まとめています

語句
覚えておきたい
語句のまとめ

チェックリスト
自分の解答を振り
返り，どれくらい
達成できたかをチ
ェックしましょう

Chapter 3 模擬テスト

実際の試験にそっくりな模擬テストに挑戦しましょう。

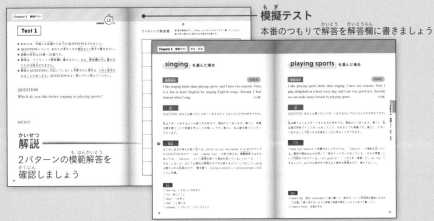

模擬テスト
本番のつもりで解答を解答欄に書きましょう

解説
2パターンの模範解答を
確認しましょう

音声について

本書に収録されている模範解答は，すべて音声でお聞きいただけます。解説ページの
 �))01-A の表示をご確認ください。

音声は以下の2つの方法で聞くことができます。

公式アプリ「英語の友」（iOS/Android）で聞く場合

❶「英語の友」公式サイトより，アプリをインストール

https://eigonotomo.com/
（右のQRコードでアクセスできます）

英語の友　　検索

❷ライブラリより「英検分野別ターゲット 英検3級 ライティング問題」を選び，「追加」ボタンをタップ

●本アプリの機能の一部は有料ですが，本書の音声は無料でお聞きいただけます。
●詳しいご利用方法は「英語の友」公式サイト，あるいはアプリ内ヘルプをご参照ください。

パソコンに音声データ（MP3）をダウンロードして聞く場合

❶Web特典ページにアクセス（詳細は，p.9をご覧ください）

❷「音声データダウンロード」から聞きたいChapterを選択・クリックしてダウンロード

●音声ファイルはzip形式にまとめられた形でダウンロードされます。
●音声の再生にはMP3を再生できる機器などが必要です。ご使用機器，音声再生ソフト等に関する技術的なご質問は，ハードメーカーもしくはソフトメーカーにお願いいたします。

PC・スマホでできる 英作文トレーニングについて

Web特典の「英作文トレーニング」では，本書の模擬テストにPC・スマホで挑戦できます。「読んで攻略」「聞いて攻略」「音読で攻略」「タイピングで攻略」の4つのトレーニングを通して，ライティング力をさらにアップさせましょう。

「タイピングで攻略」は，制限時間内にどれだけ正確に模範解答をタイピングできるかをチェックできます。CBT対策として，キーボードでの学習がオススメです。

「Web特典」アクセス方法

パソコンより以下URLにアクセスし，パスワードを入力してください。

URL: https://eiken.obunsha.co.jp/target/3q/authenticate.html

パスワード：3qokmw　※すべて半角英数字

（右のQRコードでアクセスすればパスワードは不要です）

そのほかの特典内容

音声ダウンロード

本書の模範解答音声（MP3）がダウンロードできます。

「解答用紙」ダウンロード

本番にそっくりな解答用紙（PDFファイル）をダウンロードすることができます。上手く書けるように，試験直前に必ず練習しましょう。

●音声およびWeb特典のサービスは予告なく終了することがあります。

Chapter 1
攻略ポイント

問題形式と過去問分析

　英検3級の問題形式と英作文（ライティング）の過去問分析をまとめています。学習を始める前に把握しましょう。

英検3級試験形式

技能	形式	問題数	満点スコア	試験時間
リーディング	短文の語句空所補充	15問	550	50分
	会話文の文空所補充	5問		
	長文の内容一致選択	10問		
ライティング	英作文	1問	550	
リスニング	会話の応答文選択	10問	550	約25分
	会話の内容一致選択	10問		
	文の内容一致選択	10問		
スピーキング	英文を音読する	1問	550	約5分
	英文に関する質問に答える	1問		
	イラストについて描写する	2問		
	日常生活に関する質問に答える	2問		

→ 英作文（ライティング）の問題形式

形式
● 与えられたQUESTIONについて，25語〜35語で自分の考えとその理由を2つ書く

解答時間のめやす：15分

採点基準

英作文は以下の４つの観点から採点されます。

内容	課題で求められている内容が含まれているかどうか
構成	英文の構成や流れがわかりやすく論理的であるか
語彙	課題に相応しい語彙を正しく使えているか
文法	文法的に正しい英文が書けているかどうか

出典：英検ウェブサイト

　これらの採点基準については，次のページから始まる「攻略ポイント」で詳しく確認しましょう。

過去問分析 ※2017年度第1回〜2019年度第3回のテストを旺文社で独自に分析しました

QUESTIONの形式

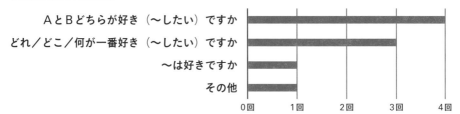

AとBどちらが好き（〜したい）ですか
どれ／どこ／何が一番好き（〜したい）ですか
〜は好きですか
その他

0回　　1回　　2回　　3回　　4回

QUESTIONの話題

● ほとんどが「好きなこと」や「したいこと」を選んだり答えたりする質問

● ふだんの生活（食べ物・遊び・家族・学校）や特別な機会（旅行・夏休み）についての話題が多い

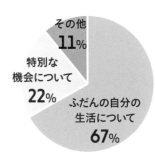

その他 11%
特別な機会について 22%
ふだんの自分の生活について 67%

1 問題を知ろう

1. 英検3級英作文（ライティング）問題とは？

　2017年度第1回より，英検3級に英作文が導入されました。それまで，筆記問題は選択肢を選ぶだけだったので，「英文を書く」ということに戸惑いを覚える人もいるでしょう。しかし，3級で書くのは25語〜35語という短い文章で，中学2年生（英検4級）レベルの語彙や文法で十分によい解答が書けるので，英作文のために新たに語彙を増やしたり文法を勉強したりする必要はありません。書き方を学ぶだけでよいのです。❶出題形式を知る，❷決まった型を覚える，❸間違いをなくす，この3つの点を意識して学んでいきましょう。

　どんな試験でも出題形式を知ることが最も重要です。まずは，3級の英作文の例題を確認しましょう。

例題

- あなたは，外国人の友達から以下のQUESTIONをされました。
- QUESTIONについて，あなたの考えとその理由を2つ英文で書きなさい。
- 語数の目安は25語〜35語です。
- 解答は，解答用紙のB面にあるライティング解答欄に書きなさい。なお，解答欄の外に書かれたものは採点されません。
- 解答がQUESTIONに対応していないと判断された場合は，0点と採点されることがあります。QUESTIONをよく読んでから答えてください。

QUESTION

Where do you want to go on your next vacation?

　今後，質問（QUESTION）の傾向は少しずつ変わる可能性があっても，出題パターン（5つの項目）は変わらないと考えられるので，この機会によく読んで，形式を覚えてしまいましょう。そうすれば，試験本番では5つの項目を読む必要はありません。

では，例題の指示文にあった5つの●の項目を詳しく解説していきます。

● あなたは，外国人の友達から以下のQUESTIONをされました。

解答の英文は，「日本のことを何も知らない外国人」が読むものだと思って書きましょう。sushiやsumoのように英語になっている言葉もありますが，基本的には日本の物や行事をローマ字で書くのはNGです。どうしても書く場合はそれが何であるかの説明を加えましょう。

● QUESTIONについて，あなたの考えとその理由を2つ英文で書きなさい。

「自分の考え」と「その理由2つ」の両方を書く必要があります。まず解答の最初ではQUESTIONに対する直接的な答えをはっきりと示します（Where …? に対しては「場所」を答える，など）。そして，理由は1つでも3つでもなく，「2つ」書くことが条件です。

● 語数の目安は25語〜35語です。

「目安」とあるので，25語〜35語の範囲で必ず書かなければならないわけではありません。ただし，極端に少ないもしくは多い場合は減点の対象になります。目安の範囲内で書くことを目指しましょう。

● 解答は，解答用紙のB面にあるライティング解答欄に書きなさい。なお，解答欄の外に書かれたものは採点されません。

実際の試験では，解答用紙の裏面（B面）にある「ライティング解答欄」に解答を書きます。この欄の外に答えを書いたり，欄をはみ出したりしてはいけません。

● 解答がQUESTIONに対応していないと判断された場合は，0点と採点されることがあります。QUESTIONをよく読んでから答えてください。

英文自体に間違いはなくても，QUESTIONの内容に合う解答になっていなければ採点されない可能性があります。QUESTIONをよく読んで，何を聞かれているのかを適切に理解することが重要です。

2. 評価基準

5つの項目を確認できたら，次に評価基準を見ていきましょう。3級の英作文は，以下の4つの観点で採点されます。観点ごとに0〜4点の5段階で評価され，満点は16点（4点×4観点）です。

※CSEスコアでの満点は550です。

ライティングテストの採点に関する観点および注意点
❶ **内容**：課題で求められている内容が含まれているかどうか
❷ **構成**：英文の構成や流れがわかりやすく論理的であるか
❸ **語彙**：課題に相応しい語彙を正しく使えているか
❹ **文法**：文法的に正しい英文が書けているかどうか

では，1つずつ詳しく見ていきましょう。

❶内容：課題で求められている内容が含まれているかどうか

「課題」とは，p.14の例題にある5つの項目とQUESTIONのことです。QUESTIONをよく読んで，それに合った「自分の考え」と「その理由2つ」が明確に伝わる文章かどうかが評価されます。「自分の考え」と「その理由2つ」は必須条件です。理由は2つとも明確に書くこと。また，理由らしい内容を書いていても「自分の考え」が伝わらない文章になってはいけません。

❗「自分の考え」は1つだけにして，逆の立場を解答に盛り込まないようにしましょう。たとえば，「AかBか」のQUESTIONに対し，「私はAが好きです。でも，Bも好きです」のような解答はNGです。

❗ 読み手に説得力のある理由を書くことが重要です。たとえば，「〜は好きですか」というQUESTIONに「好きだから」「よいから」だけでは理由として不十分です。説明を加えたり具体例を挙げたりして，説得力ある理由を書くことが重要です。

❷構成：英文の構成や流れがわかりやすく論理的であるか

論理的な構成の英文を書くための決まった型があります。3級の場合，

「自分の考え」（1文）⇒「理由1つ目」（1〜2文）⇒「理由2つ目」（1〜2文）

で書くとよいでしょう。コツは，話の展開を示す表現を効果的に使うことです。だらだらと書くと，どこまでが「自分の考え」で，どの部分が「2つの理由」なのかがわかりにくくなります。たとえば，1つ目の理由と2つ目の理由をFirst, ...,Second, ... で始めると，相手に伝わりやすい文章になります。これについてはあとで詳しく学びます。

❗ 「自分の考え」と「理由」に矛盾がないようにしましょう。たとえば「どの季節が好きか」という問題で，夏を選んだのに途中から春のよい点などを書いてはいけません。解答全体を通して立場が一貫していること，意見にブレがないことが重要です。

❸語彙：課題に相応しい語彙を正しく使えているか

「課題に相応しい語彙」とは，たとえば質問が食事に関する内容であれば，食事に関する動詞，名詞，形容詞などが正しいつづりや意味で使われているかが評価されます。

❗ いろいろな単語・表現を使うことで語彙力があることをアピールしましょう。ただし，間違った使い方だと減点対象になるので，自信のある単語・表現を使いましょう。

❗ 英文の内容・構成・文法は間違っていないものの，同じ単語を繰り返し使っていては語彙力がないと判断されてしまいます。同じ単語を繰り返すのは多くて2回までにして，できるだけ違う言葉で表現するよう工夫しましょう。

❗ 解答は肯定文・否定文だけで書き，疑問文は使わないようにしましょう。また，会話口調のようなくだけた表現はNGです。

❹文法：文法的に正しい英文が書けているかどうか

正しい文法で書けているかが評価されます。主語に合う動詞の形になっているか，三単現のsが抜けていないか，名詞なら単数形なのか複数形なのか，などの正しい語の形のほか，正しい語順で書けていることなどが重要ポイントになります。

❗ ピリオドをつける，文頭は大文字で書く，I（私）やJapanなどの固有名詞以外は単語を小文字で始める，といった英文を書くときのルールを守りましょう。

❗ 語彙と同様，いろいろな文法を使って文法の知識があることをアピールしましょう。ただし，間違った使い方だとマイナス評価になるので，自信のある表現を使うようにしましょっ。

2 書いてみよう 内容(ないよう)・構成(こうせい)

1. QUESTIONの理解(りかい)と準備(じゅんび)

問題にあった最後の項目(こうもく)を思い出しましょう。

> ● 解答(かいとう)がQUESTIONに対応(たいおう)していないと判断(はんだん)された場合(ばあい)は, 0点(てん)と採点(さいてん)されることがあります。QUESTIONをよく読(よ)んでから答(こた)えてください。

この「QUESTIONに対応(たいおう)した英文」を書くには, QUESTIONを適切(てきせつ)に理解(りかい)することが非常(ひじょう)に重要なステップになります。たとえば, p.14のQUESTIONを見てみましょう。

> QUESTION
>
> *Where do you want to go on your next vacation?*

英文の意味はわかりましたか? では, 解答(かいとう)では「何を書くべきか」を考えてみましょう。正しいものを下から1つ選んでください。

> ア 休暇中(きゅうか)にいつもすること
> イ 今度の休暇(きゅうか)でしたいこと
> ウ 今度の休暇(きゅうか)で行きたい場所

アはwant to「〜したい」もnext「次の, 今度の」も読み取れていません。イはWhereをWhatと読み違(ちが)えて「何をしたいか」と捉(とら)えてしまっています。答えはウです。Whereなので「場所」を答える必要があります。文頭の疑問詞(ぎもんし)は必ず正しく読み取りましょう。

疑問詞(ぎもんし)のおさらい
What ...? ⇒「何」を答える
Where ...? ⇒「場所」を答える
Which ...? ⇒「どちら[どれ]か」を答える
Which ..., A or B? ⇒「AかBか」を答える ※どちらを選んだかを明確(めいかく)にすること。
What kind of ...? ⇒「種類」や「ジャンル」を答える

QUESTIONを適切に理解して「何を書くべきか」がわかったら，いきなり英文を書き始めずにメモを書いて準備をします。Chapter 2では，問題ごとに**メモを書こう**✏という欄がありますので，それを利用して，英文を書く前に考えをまとめる練習をしましょう。

メモの取り方の例を紹介します。メモを取るのに「こうしなければならない！」というものはありません。自分のやりやすい方法で試験に臨みましょう。

QUESTION

Where do you want to go on your next vacation?

メモの例

考え	京都
理由	●日本の歴史が好き　⇒理由1 ●お寺や神社が好き　⇒理由1 ●紅葉がきれい ●祖母が住んでいる　⇒理由2 ●ショッピングをしたい

> 「考え」は疑問詞に対応する答えを簡潔に書く。

> 最初から「1つ目の理由は…」と考えずに，まずは思いつく理由を全部書き出す。そのあと，どれを「理由1」「理由2」にするかを決める。

「2つの理由」を選ぶときのコツ

✓　メモの「～が好き」のように，似た内容になりそうなものは1つにまとめる。

✓　自分が英語で表現できないものは「理由」にしない。

✓　説得力がないものは「理由」にしない。たとえば，5つ目の「ショッピング」は京都以外のどこでもできそうなことなので，説得力に欠けます。

✓　書く内容は自分の本当の意見や事実と異なっていてもかまわない。理由が思いつかない場合は，書きやすそうな内容を考え出してみましょう。

時間配分の目安

筆記試験50分間のうち，英作文にかける時間は15分が目安です。

QUESTIONを読む＋メモ（4分）＋英文作成（8分）＋見直し（3分）＝15分

---

2. 自分の考えと理由を書く

英文を書く前の準備ができたら，いよいよ解答の英文を書いていきます。
まずは，英文の構成を復習しましょう。

「自分の考え」⇒「理由１つ目」⇒「理由２つ目」

では，QUESTIONとメモをもとに，どのように英文を書いていけばよいか，順に確認していきます。

QUESTION

Where do you want to go on your next vacation?

「自分の考え」⇒「京都」

I want to go to Kyoto on my next vacation.
「私は今度の休暇で京都に行きたいです」

ポイント❶：youで聞かれているのでIを主語にして書き始めます。

ポイント❷：QUESTIONの語句を利用します。*Where do you want to go*というQUESTIONなので，「I want to go to＋場所」で答えます。

ポイント❸：on my next vacationはあってもなくてもかまいません。全体の語数が多ければ削り，少なければ入れましょう。

「理由１つ目」⇒「日本の歴史が好き」「お寺や神社が好き」

First, I like Japanese history. Kyoto has many temples and shrines to see.
「第1に，私は日本の歴史が好きです。京都には見るべき寺や神社がたくさんあります」

ポイント❶：1つ目の理由はFirst, ...で書き始めます。

ポイント❷：理由はそれぞれ1～2文で書きましょう。

「理由2つ目」⇒「祖母が住んでいる」

Second, my grandmother lives in Kyoto, and I want to visit her.
「第2に，私の祖母が京都に住んでいて，祖母を訪ねたいです」

ポイント：2つ目の理由はSecond, ...で書き始めます。

2つの理由は，First, ...,　Second, ...以外で書くこともできます。以下の書き方は
どんな質問にも対応できる万能表現です。自分の覚えやすいものを活用しましょう。

I want to go to Kyoto on my next vacation. First, I like Japanese history.
Kyoto has many temples and shrines to see. **Also,** my grandmother lives
in Kyoto, and I want to visit her.
ポイント：「理由2」をAlso「また」で始めます。FirstとAlsoをセットで使うと流
　　　　　れがわかりやすくなります。

I want to go to Kyoto on my next vacation. **I have two reasons.**＋理由1と2.
ポイント：「理由が2つあります」と前置きしてから理由を書き始めるパターンも
　　　　　あります。そのほか，I will give you two reasons. / There are two
　　　　　reasons for that.のようにも書くことができます。

I want to go to Kyoto on my next vacation, **and I have two reasons.**＋理由
1と2.
ポイント：「自分の考え」と「理由が2つあります」という節をandでつなげる方
　　　　　法です。
❗ 3級ではandなどの接続詞を無理に使って文を長くする必要はありません。全
体のバランスを考えて使い分けましょう。

I want to go to Kyoto on my next vacation **because I like Japanese**
history.＋理由2.
ポイント：「自分の考え」にbecauseを続けて「理由1」を1文目に含めること も
　　　　　できます。
❗ この場合，because「（なぜなら）〜だから」は，「節＋because＋節.」の形
で使いましょう。Because I like Japanese history.のようにBecauseの節のみ書
くのは英作文では不適切です。

　なお，3級の英作文は語数が少ないので「結論」は不要です。説得力のある文章
になるよう，「理由」の部分をしっかりと書きましょう。Hello. や Thank you. など
の挨拶も不要です。

3 攻略ポイントを学ぼう 語彙

では，ここからは，以下の観点についてさらに詳しく説明していきます。

❸語彙：課題に相応しい語彙を正しく使えているか

　評価基準では，「課題に相応しい語彙」を使えているかがポイントでしたね。では，実際にどんな動詞を使えばよいのか，模範解答を利用して見ていきます。
　まず，QUESTIONと模範解答を確認しましょう。

QUESTION

Where do you want to go on your next vacation?

模範解答

I want to go to Kyoto on my next vacation. First, I like Japanese history. Kyoto has many temples and shrines to see. Second, my grandmother lives in Kyoto, and I want to visit her.　　　(35語)

訳

QUESTION：あなたは今度の休暇でどこに行きたいですか。

私は今度の休暇で京都に行きたいです。第1に，私は日本の歴史が好きです。京都には見るべき寺や神社がたくさんあります。第2に，私の祖母が京都に住んでいて，祖母を訪ねたいです。

1. 動詞

文意に合う動詞

● 文意に合う動詞を選び，正しく使いましょう

　質問では「今度の休暇で行きたい場所」を聞かれているので，動詞としてはgo to 〜「〜へ行く」，visit 〜「〜を訪れる」などが考えられます。それらの動詞を適切に使えているかが重要になります。

> **NG解答例**　I want to go Kyoto. / I want to visit to Kyoto.

▸▸▸「go to＋場所」（〜へ行く），または「visit＋場所」（〜を訪れる）が正しい形です。模範解答のI want to visit herのように，visitは人を目的語に置くこともできます。

❗ go there「そこへ行く」をgo to thereとしてしまいがちなので，気をつけましょう。go abroad「海外へ行く」やgo anywhere「どこへでも行く」など，goに「副詞」が続く場合，toは不要です。

動詞のバリエーション

● 同じ動詞を繰り返し使わないように工夫しましょう

> **NG解答例**　I want to go to Kyoto. I like to go to temples and shrines there. I often go to my grandmother's house.

▸▸▸「〜へ行く」を表すgo to 〜を連続して使っていて，少ししつこい印象があります。同じような意味のvisitを使ったり，主語を変えたりして，繰り返しがないように工夫しましょう。

> **NG解答例**　I like Japanese history. I like temples and shrines, too.

▸▸▸ メモで「日本の歴史が好き」「お寺や神社が好き」と書いたとおり，このように書いてもいいですが，I likeが2文続いてしまいます。こういう場合，異なる表現を使うと評価が高くなります。模範解答のFirst, I like Japanese history. Kyoto has many temples and shrines to see. では，「日本の歴史が好き」と書いたあと，その説明として，「京都には（日本の歴史が学べる）見るべき寺や神社がたくさんある」という説明になっています。

2. 名詞

　次に，名詞について詳しく見ていきましょう。動詞と同様，文意に合う名詞を選んで，適切に使えているかがポイントです。

文意に合う名詞
● 文意に合う名詞を選び，正しく使いましょう

NG解答例 There are history houses.

▶▶▶ 日本語を無理やり英語にしたような表現になっています。京都の歴史的建造物について書きたければ，模範解答のようにtemples and shrinesと具体的に表したり，old buildings「古い建物」などと表したりすることもできます。

NG解答例 I like Japanese histry.

▶▶▶ historyのつづりが間違っています。つづりが正しいかどうかも，「語彙」の評価基準の１つです。解答を見直す際につづりもチェックしましょう。

名詞のバリエーション
● 同じ名詞を繰り返し使わないように工夫しましょう

NG解答例 I want to go to Kyoto on my next vacation. First, Kyoto is a beautiful <u>place</u>. Kyoto has many famous places. Second, Kyoto is a popular place for tourists.

▶▶▶ 理由が２つ書けていて文法の間違いもありませんが，place(s)「場所」という名詞が３回も使われ，しつこい印象を与えてしまう文章です。たとえば２文目は，Kyoto is a beautiful <u>city</u>.「京都は美しい街です」，４文目はMany tourists visit Kyoto every year.「多くの観光客が毎年京都を訪れます」のように，言葉を言い換えたり主語を変えたりすると印象がよくなります。

3. 形容詞

　形容詞は名詞の様子を説明する働きがあるので，積極的に使いましょう。その際，動詞や名詞と同様，文意に合う形容詞を選ぶことが重要です。よくある間違いを挙げてみましょう。

● fun「楽しみ」（名詞），funny「おかしな，おもしろい」，interesting「おもしろい，興味深い」

　✕　Fishing is funny.

　○　Fishing is fun.
　　　「釣りは楽しいです」

▸▸▸ 物事を「楽しい」と表現するときには名詞のfunを使います。

　✕　He is an interesting boy.

　○　He is a funny boy. He likes to tell jokes.
　　　「彼はおもしろい男の子です。彼は冗談を言うのが好きです」

▸▸▸ 人を笑わせるような「おもしろい」という意味ではfunnyが適切です。

　✕　Japan has many funny places to visit.

　○　Japan has many interesting places to visit.
　　　「日本は訪れるべきおもしろい［興味深い］場所がたくさんあります」

▸▸▸ 人が興味・関心を持つような「おもしろい」ものにはinterestingが適切です。

● exciting「（物や場所が）わくわくするような，興奮させる」，excited「（人が）わくわくした，興奮した」

　✕　Hawaii is an excited place.

　○　Hawaii is an exciting place.
　　　「ハワイはわくわくする場所です」

　✕　I'm always exciting when I watch rugby.

　○　I'm always excited when I watch rugby.
　　　「私はラグビーを観るといつも興奮します」

▸▸▸ 名詞を修飾するのはexciting, 人が主語のときはexcitedと覚えておきましょう。

4. そのほかの定型表現

話の展開を示す表現
「話の展開を示す表現」を使うと論理的な文章になります。「話の展開を示す表現」とは，First, Second, Also のような，文と文をつなぐ言葉のことです。仮に，解答を次のように書いたらどうなるでしょうか。

①I want to go to Kyoto on my next vacation. ②I like Japanese history. ③I like temples and shrines. ④My grandmother lives in Kyoto. I want to visit her.

1文目は「自分の考え」を明確に表せていますね。2文目の I like Japanese history. も1つ目の理由として，「日本の歴史が好き（だから京都に行きたい）」と伝わります。

しかし，3文目も I like ... から始まり，2文目の補足にも2つ目の理由にも見えます。また，4文目で「祖母」という別の話題がいきなり出ています。これでは構成がはっきりせず，「理由を2つ書く」という観点でわかりにくい文章になっています。
これを解決するのが，先に学んだ First, ..., Second[Also], ... のような「話の展開を示す表現」です。「理由1」と「理由2」の前にこれらの表現を使ってみましょう。この解答の場合は，②の前に First，④の前に Second[Also] を入れるとよりよい文章になるでしょう。

❗ and「そして」も文をつなぐ言葉ですが，and は文頭では使わないようにしましょう。

❗ but「しかし」も文をつなぐ言葉ですが，3級英作文のような少ない語数の文章では，逆のことを述べると考えがうまく伝わらなくなる恐れがあるので，but はなるべく使わないようにしましょう。

具体例の書き方
For example「たとえば」は具体例を挙げるときの表現で，理由を説明するときに役立ちます。

First, Kyoto has many beautiful places to visit. For example, I like to see temples covered with snow in winter.

「第1に，京都には訪れるべき美しい場所がたくさんあります。たとえば，私は冬に雪に覆われた寺を見るのが好きです」

many beautiful places「たくさんの美しい場所がある」と伝えたあと，For example を使って具体的な場所を説明することで，説得力のある内容になっています。

4　攻略ポイントを学ぼう　文法

よくある文法の間違いから，攻略法を学びましょう。

1. 動詞

動詞の形

● **QUESTIONと同じ時制で書きましょう**

✗　My grandmother lived in Kyoto. / I will visit her.

○　My grandmother lives in Kyoto. / I want to visit her.

▸▸▸QUESTION が現在形なら解答も現在形で書くのが基本です。同様に，QUESTION に will などが含まれていたら，解答も未来形で書きましょう。

● **主語の形に合う動詞の形にしましょう**

✗　Kyoto have many temples and shrines. / My grandmother live in Kyoto.

○　Kyoto has many temples and shrines. / My grandmother lives in Kyoto.

▸▸▸主語が三人称単数で現在形の文のとき，動詞に (e)s をつけるのを忘れがちになるので，気をつけましょう。その際，つづりの間違いにも注意しましょう。

主語と目的語との関係

● **主語と目的語に合う動詞を使いましょう**

✗　Kyoto is many beautiful places.

○　Kyoto has many beautiful places.

▸▸▸このように，うしろの語句（目的語）に合わない適当なbe動詞を使ってしまう間違いもよくありますので，注意しましょう。

● **前置詞が続く動詞に注意しましょう**

✗　My grandmother lives Kyoto.

○　My grandmother lives in Kyoto.

▶▶▶ live in ～で「～に住む」という意味です。動詞を使う際, 正しい前置詞とセットで使えるように, ふだんからひと固まりの表現として覚えるようにしましょう。

2. 名詞

名詞の形

● 名詞の単数形・複数形に注意しましょう

✗　Kyoto has many temple and shrine.

○　Kyoto has many temples and shrines.

▶▶▶ 名詞を書くとき,「単数・複数どちらを想定しているか」「数えられる名詞か」をよく考えましょう。例えば, 名詞の前に many をつける場合は, たくさんのものを想定しているわけですから, 名詞は複数形になります。

✗　I like Japanese histories.

○　I like Japanese history.

▶▶▶「日本の歴史」と言うとき, history は単数形です。「日本文化」Japanese culture の culture も単数形です。ただし, I'm interested in foreign cultures.「外国文化に興味があります」のような, 複数の文化について言うときは複数形にしましょう。

名詞につく語句

● 名詞につく my や your, a[an] や the に注意しましょう

✗　I want to go to Kyoto on your next vacation.

○　I want to go to Kyoto on my next vacation.

▶▶▶ QUESTION の on your next vacation をそのまま書いてしまった例です。your を my に変える点に注意しましょう。

❗ 3級英作文では, 冠詞（a[an] / the）の使い分けはあまり気にする必要はありません。ただし, 読み手に意図が伝わらない間違いはマイナス評価につながるので気をつけましょう。

3. 形容詞・その他

形容詞

● 形容詞には必ず名詞を続けましょう

 ✕ I like big.

 ○ I like big cities.
  「私は大きな街が好きです」

▶▶▶「like ＋形容詞」で文を終えてはいけません。この場合は「正しい例」のように名詞を続けて，big cities が like の目的語となる形にします。

● 名詞を修飾する形容詞の語順に気をつけましょう

 ✕ There are beautiful many towns in Japan.

 ○ There are many beautiful towns in Japan.
  「日本には多くの美しい町があります」

▶▶▶ beautiful も many も形容詞ですが，英語では数量を表す形容詞を先に書くのが正しいルールです。

to 不定詞

● to 不定詞を正しく使って表現の幅を増やしましょう

 ✕ Kyoto has many temples and shrines for see.

 ○ Kyoto has many temples and shrines to see.
  「京都には見るべき寺や神社がたくさんあります」

▶▶▶ to see「見るべき」という to 不定詞が正しいです。

 ✕ It is fun visit temples and shrines.

 ○ It is fun to visit temples and shrines.
  「寺や神社を訪れるのは楽しいです」

▶▶▶ It is fun to visit ～「～を訪れるのは楽しい」の形が正しいです。

❗ いろいろな文法を使いこなせると評価は高くなりますが，無理のない範囲で，自信のある文法を使って書くようにしましょう。

接続詞・前置詞

● 理由を表すbecauseの使い方に注意しましょう

✕　I would like to live in a city. Because it has many shops and restaurants.

○　I would like to live in a city <u>because</u> it has many shops and restaurants.
「都市にはたくさんの店やレストランがあるので，私は都市に住みたいです」

▸▸▸ because「（なぜなら）〜だから」の節を単独で使わないようにしましょう。

● 接続詞に続く節に注意しましょう

✕　We always go hiking when go there.

○　We always go hiking <u>when we go there</u>.
「私たちはそこへ行くとき，いつもハイキングに行きます」

✕　I usually walk my dog before make breakfast.

○　I usually walk my dog <u>before I make breakfast</u>.
「私はたいてい，朝食を作る前に犬の散歩に行きます」

▸▸▸ when「〜のとき」やbefore「〜の前に」のような接続詞のあとは「主語＋動詞」が続きます。

比較表現

● 比較級や最上級の文は語順や文法に注意しましょう

✕　I like better reading books.

○　I like <u>reading books better</u>. 「私は本を読む方が好きです」

▸▸▸ betterやbestを使った文の語順は以下のように決まっているので，覚えておきましょう。

I like A better (than B).「私はAの方が（Bよりも）好きです」

I like A the best.「私はAが一番好きです」

✕　I like reading books better than watch TV.

○　I like <u>reading books</u> better than <u>watching</u> TV.
「私はテレビを見るよりも本を読む方が好きです」

▸▸▸「テレビを見ること」と「本を読むこと」を比較した文なので，thanのあとのwatchは-ing形にする必要があります。

5 QUESTIONの種類

　最後に，実際にどんなQUESTIONが出題されるのか，3つのタイプに分けて確認しましょう。**解答例**は，解答の1文目＝「自分の考え」に当たり，四角で囲んだ語句がその「考え」の中で重要な内容の部分です。

1. WhatやWhichの疑問文

● What + like to ...?

What do you like to do in summer?「夏に何をするのが好きですか」
解答例：I like to swim in the sea.「私は海で泳ぐことが好きです」

❗ 第1文の主語はIで始めて，それよりあとはQUESTIONの語句を利用して答えます。マーカーの部分はQUESTIONと同じ表現です。

What do you like to do with your friends?「友達と何をするのが好きですか」
解答例：I like to play soccer with my friends.
　　　　　「私は友達とサッカーをするのが好きです」

● What + want to ...?

What do you want to be in the future?「将来，何になりたいですか」
解答例：I want to be a writer.「私は作家になりたいです」

● What is ...?

What is your favorite school event?「好きな学校行事は何ですか」
解答例：My favorite school event is Sports Day.
　　　　　「私の好きな学校行事は運動会です」

❗ QUESTIONのyourは解答例ではmyに変えます。

● What kind of + 名詞 ...?

What kind of movies do you like?「どんな種類の映画が好きですか」
解答例：I like action movies.「私はアクション映画が好きです」

● Which + 名詞 ...?

Which country do you want to visit?「どの国を訪れたいですか」
解答例：I want to visit Italy.「私はイタリアを訪れたいです」

2. Where の疑問文

● **Where ＋ want to[would you like to] ...?**

Where do you want to go next summer?「今度の夏にどこへ行きたいですか」
解答例：I want to go to Hokkaido.「私は北海道に行きたいです」
❗ 解答では，QUESTION の語句にはない to が必要です。

● **Where ＋ often[usually] ...?**

Where do you often go on the weekend?「週末によくどこへ行きますか」
解答例：I often go to a shopping mall.
　　　　「私はショッピングモールによく行きます」
❗ often や usually を含む QUESTION には日常の行動や習慣を答えます。
❗ 解答では場所の前に to をつけるのを忘れないようにしましょう。

Where do you usually do your homework?「たいていどこで宿題をしますか」
解答例：I usually do my homework at home.
　　　　「私はたいてい自宅で宿題をします」
❗ 解答では〈in[at] ＋場所〉を用いて答えましょう。

3. or や比較表現を含む疑問文

● **Which ..., A or B?**

Which do you want to live, in a city or in the country?
「都市と田舎ではどちらに住みたいですか」
解答例：I want to live in the country.「私は田舎に住みたいです」
❗ A or B の形で聞かれたら，そのどちらかを明確に答えましょう。

Which do you like better, dogs or cats?「犬と猫ではどちらの方が好きですか」
解答例：I like cats better.「私は猫の方が好きです」
❗ QUESTION につられて like better cats という語順にしないようにしましょう。

● **What[Which] ... like the best?**

What subject do you like the best?「何の教科が一番好きですか」
解答例：I like math the best.「私は数学が一番好きです」

Chapter 2
練習問題

目標時間  15 分

Unit 1

- あなたは，外国人の友達から以下のQUESTIONをされました。
- QUESTIONについて，あなたの考えとその理由を2つ英文で書きなさい。
- 語数の目安は25語〜35語です。
- 解答がQUESTIONに対応していないと判断された場合は，0点と採点されることがあります。QUESTIONをよく読んでから答えてください。

QUESTION

Which do you like better, traveling by train or traveling by airplane?

自分の経験が多い方を選んで，
理由を考えてみよう。

メモを書こう ✏

考え	
理由	●
	●
	●
	●
	●
	●

解答を書こう

5

10

traveling by train を選んだ場合

メモの例

考え	電車での旅
理由	●電車を見るのが好き ●車内でお弁当を食べたい ●電車から見る景色が好き　⇒理由1 ●切符が好き ●飛行機が苦手　⇒理由2

模範解答　　　　　　　　　　　　　　　　　　　　))) 01-A

I like traveling by train better than by airplane because I like looking at the view from the train window. Also, I am afraid of flying on an airplane.

(29語)

訳

QUESTION：あなたは電車で旅をするのと飛行機で旅をするのとでは，どちらの方が好きですか。

私は飛行機よりも電車で旅をする方が好きです。なぜなら，電車の窓から景色を見るのが好きだからです。また，私は飛行機で飛ぶことが怖いです。

解説

　「電車で旅をすること」と「飛行機で旅をすること」のどちらの方が好きかをたずねられている。模範解答は「電車」を選んだ場合で，理由として「窓から景色を見るのが好き」「飛行機で飛ぶことが怖い」の2つを挙げている。

考え

　解答ではまず，質問に対する自分の考えをはっきりと答える。Which do you like better, A or B? のタイプの質問には，AかBかを選び，I like ～ better (than ...). の形で答えよう。飛行機に乗ったことがない場合，電車を選んで書くか，乗ったことがあると思って書いてもよい。AとBの書きやすい方を選ぶことがポイント。

理由

　1つ目の理由は，模範解答のようにbecauseを使って1文目に含めることができる。あるいは，I like traveling by train better than by airplane. First, I like looking ... と2文に分けてもよい。

　2つ目の理由は，AlsoやIn additionなどの「追加を表す語句」を使って書くとわかりやすい。模範解答では「飛行機で飛ぶことが怖い（から電車の方が好き）」という理由になっている。このように，Aを選んだとき，Aの利点だけでなく，Bが好きではない理由やBの欠点を述べることもできる。

語句

☐ like -ing　～するのが好きだ
☐ look at ～　～を見る
☐ view　景色
☐ window　窓
☐ be afraid of ～　～が怖い
☐ fly　（飛行機で）飛ぶ
☐ on　（電車や飛行機）の中で，～に乗って

traveling by airplane を選んだ場合

メモの例

考え	飛行機での旅
理由	●飛行機は速い ⇒理由1 ●飛行機を見たい ⇒理由2 ●海外旅行が好き ●よく飛行機に乗る ●電車はいつでも乗れる

模範解答　　　　　　　　　　　　　🔊 01-B

I like traveling by airplane better. I have two reasons. First, airplanes are fast. Second, it is exciting to go to the airport and see the planes.

（27語）

訳

QUESTION：あなたは電車で旅をするのと飛行機で旅をするのとでは，どちらの方が好きですか。

私は飛行機で旅をする方が好きです。理由が2つあります。第1に，飛行機は速いです。第2に，空港に行って飛行機を見るのはわくわくします。

解説

「電車で旅をすること」と「飛行機で旅をすること」のどちらの方が好きかをたずねられている。模範解答は「飛行機」を選んだ場合で，理由として「飛行機は速い」「飛行機を見るのはわくわくする」の2つを挙げている。

考え

Which do you like better, A or B? に対し，I like ～ better (than ...). で文を始めるとよい。この模範解答のように，than ... の部分は省略してもよい。

理由

模範解答のように，自分の考えを1文で書いたあと，I have two reasons. と前置きをしてから，First, ... で1つ目の理由，Second, ... で2つ目の理由を書くこともできる。First, Second のあとにはカンマを入れよう。理由はそれぞれ1文ずつでもよいし，語数の範囲内であれば2～3文になってもよい。

模範解答の it is ～ to ...「…することは～だ」はとても便利な表現なのでぜひ使えるようにしておこう。また，Going to the airport is exciting. と動名詞（動詞の -ing 形）を主語にして表すこともできる。

採点基準の1つに「課題で求められている内容（自分の考えとそれに沿った理由2つ）が含まれているかどうか」がある。例えば，メモの「よく飛行機に乗る」は，「飛行機が好きなので飛行機によく乗る」ならわかるが，「飛行機によく乗るから飛行機で旅する方が好きだ」では理由として不適切。読み手に伝わりやすい，説得力のある理由を書くことが重要である。

語句

□ reason　理由
□ first　第1に
□ fast　速い
□ second　第2に
□ exciting　わくわくするような
□ airport　空港

ここを直そう！NG解答例

かい とう れい

NG解答例 I like traveling by airplane I like the airport

ここがNG ▸▸▸ 文の切れ目がわからない

英文は相手に読みやすいように書くこと。語と語の間隔を適度に空けて，文の終わりには必ずピリオドをつけよう。この文では，airplaneとairportのあとにピリオドが必要。

かん かく てき ど

NG解答例 I like better traveling by train.

ここがNG ▸▸▸ 比較級の文を正しく書けていない

ひ かく きゅう

語順を間違えないようにしよう。「Aの方がBよりも好き」はI like A better than B. で，「Bの方が好き」はI like B better. である。最上級のI like A the best.「Aがいちばん好き」もあわせて覚えておこう。

ま ちが

NG解答例 I like eating ekiben on the train.

ここがNG ▸▸▸ 日本語をローマ字で書いている

「駅弁」のような日本語をこのようにアルファベットで書くのは減点対象になる。また，直訳してtrain lunchなどと書いても伝わらない場合があるので注意しよう。日本の「お弁当」は英語でboxed lunchやpacked lunchなどと表すことができる。「弁当」を英語で何と言うか思いつかない場合は，eating lunch on the trainでもよいだろう。自分の知っている表現で相手に伝わる内容を考えることが重要。

えきべん   げんてん
ちょくやく
べんとう
べんとう   ひょうげん

NG解答例 I am afraid of fly on an airplane.

ここがNG ▸▸▸ 動詞の形が正しくない

どう し

前置詞のあとに動詞を続けるときは-ing形にする必要がある。I am interested in going abroad. やI am good at playing the piano. など，前置詞を含む熟語を使うときは特に注意しよう。

ぜん ち し   どう し
ぜん ち し   ふく じゅく ご

自分の解答をレビューしてみよう！

内容

	OK	まあまあ	NG
Check 1 「自分の考え」がはっきりしているか	☐	☐	☐
Check 2 説得力のある「理由」が2つあるか	☐	☐	☐
Check 3 QUESTIONに関係のない内容が含まれていないか	☐	☐	☐

構成

	OK	まあまあ	NG
Check 4 First, Second, Also などを用いて理由を説明しているか	☐	☐	☐
Check 5 25語〜35語を目安に書けているか	☐	☐	☐

語彙

	OK	まあまあ	NG
Check 6 言葉を正しい意味とつづりで書いているか	☐	☐	☐
Check 7 同じ言葉ばかりにならないよう表現を工夫しているか	☐	☐	☐
Check 8 日本語をローマ字で表現していないか	☐	☐	☐

文法

	OK	まあまあ	NG
Check 9 文頭は大文字にしているか	☐	☐	☐
Check 10 ピリオドがついているか	☐	☐	☐
Check 11 主語や時制に合う動詞の形を使っているか	☐	☐	☐
Check 12 名詞の単数形・複数形は適切か	☐	☐	☐

41

目標時間 15 分

Unit 2

- あなたは，外国人の友達から以下のQUESTIONをされました。
- QUESTIONについて，あなたの考えとその理由を2つ英文で書きなさい。
- 語数の目安は25語～35語です。
- 解答がQUESTIONに対応していないと判断された場合は，0点と採点されることがあります。QUESTIONをよく読んでから答えてください。

QUESTION

What do you want to do next winter?

> 冬ならではの遊びや過ごし方を考えてみよう。

メモを書こう

考え	
理由	●
	●
	●
	●
	●
	●

解答を書こう ✏

5

10

go skiing と答える場合

メモの例

考え	スキーに行く
理由	●家族でよく行く ●雪が好き　⇒理由1 ●雪景色がきれい　⇒理由1 ●ふだんは雪が見られない ●スキーが上手になりたい　⇒理由2

模範解答（もはんかいとう）　　　　　　　　　　　　　》)) 02-A

I want to go skiing with my family next winter. I have two reasons. First, I like snow because it is beautiful. Second, I want to become good at skiing.

(30語)

訳（やく）

QUESTION：あなたは今度の冬に何をしたいですか。

私（わたし）は今度の冬に家族とスキーに行きたいです。理由が2つあります。第1に，私（わたし）は雪が好きです。なぜなら，きれいだからです。第2に，私（わたし）はスキーが上手になりたいです。

解説

　「今度の冬にしたいこと」をたずねられている。模範解答は「スキーに行くこと」で，理由として「雪が好き」「スキーが上手になりたい」の2つを挙げている。

考え

　解答ではまず，質問に対する直接的な答えを書く。What do you want to ...? のタイプのQUESTIONには，したいことを〈I want to＋動詞の原形〜〉の形で答えよう。QUESTIONのnext winterは，解答につけてもつけなくてもよい。

理由

　模範解答は1文目でI want to 〜の形で「今度の冬に家族とスキーに行きたい」と書いたあと，I have two reasons. と前置きをしてから，First, ... で1つ目の理由，Second, ... で2つ目の理由を書いている。

　1つ目の理由は「雪が好きだから（スキーに行きたい）」という内容で，さらにbecauseを用いて雪が好きな理由を「きれいだから」と説明している。

　2つ目の理由ではgood at (-ing)「〜（すること）が上手な」という表現を使っている。知っている熟語や慣用表現は積極的に使ってみよう。

語句

☐ go skiing　スキーをしに行く
☐ snow　雪
☐ beautiful　きれいな，美しい
☐ become　〜になる
☐ good at (-ing)　〜（すること）が上手［得意］な

go to an amusement park と答える場合

メモの例

考え	遊園地に行く
理由	●ずっと行きたいと思っている ●クリスマスの飾りつけが見たい　⇒理由2 ●乗り物に乗りたい　⇒理由1 ●お土産を買いたい

模範解答　　　　　　　　　　　　　　　))) 02-B

I want to go to an amusement park in Tokyo next winter. I have two reasons. First, I love riding on roller coasters. Second, I would like to see their Christmas decorations.

(32語)

訳

QUESTION：あなたは今度の冬に何をしたいですか。

私は今度の冬に東京にある遊園地に行きたいです。理由が2つあります。第1に，私はジェットコースターに乗るのが大好きです。第2に，そこのクリスマスの飾りつけを見たいです。

解説

「今度の冬にしたいこと」をたずねられている。この模範解答は「遊園地に行くこと」で，理由として「ジェットコースターが好き」「クリスマスの飾りつけが見たい」の2つを挙げている。

考え

解答ではまず，〈I want to＋動詞の原形〜〉の形で今度の冬にしたいことを書いたあと，理由を2つ続けよう。

理由

模範解答は，1文目に〈I want to＋動詞の原形〜〉の形で「今度の冬に東京にある遊園地に行きたい」と書いたあと，I have two reasons. と前置きをしてから，First, ... で1つ目の理由，Second, ... で2つ目の理由を書いている。

1つ目は，I love -ing「〜することが大好きだ」の表現を使って「ジェットコースターに乗るのが大好きだ（だから遊園地に行きたい）」という理由である。ride on「〜に乗る」という動詞が思いつかなければ I love roller coasters. でもよい。

2つ目の理由では，〈I would like to＋動詞の原形〜〉の形でやりたいことを述べている。1文目と同じ want to を用いてもよいが，解答にはなるべくさまざまな表現を取り入れよう。

なお，質問は「冬」についてなので，この模範解答の Christmas「クリスマス」のように，できるだけ冬にかかわる内容を理由に含めよう。

語句

☐ amusement park　遊園地
☐ ride on　〜に乗る
☐ roller coaster　ジェットコースター
☐ Christmas　クリスマス
☐ decoration　（通常複数形で）飾りつけ

ここを直そう！NG解答例（かいとうれい）

NG解答例 I want to visit my grandparents on New Year's Day. I always enjoy visiting a shrine near their house.　　　　　　（19語）

ここがNG ▸▸▸ 理由が１つしか書けていない

「元旦（がんたん）に祖父母（そふぼ）を訪（たず）ねたい」という自分の考えについて２文目でその理由を書いているが，２つ目の理由がない。また，語数の目安は25語〜35語なので，少なくとも20語以上は書くようにしよう。

. . . .

NG解答例 I enjoy visiting Iroha Jingu.

ここがNG ▸▸▸ 固有名詞（こゆうめいし）を書いている

固有名詞（こゆうめいし）ばかりを用いると，相手に伝わらない可能性（かのうせい）がある。できるだけ普通名詞（ふつうめいし）を使うようにしよう。近所の神社であれば，a shrine near their houseなどと表す。

. . . .

NG解答例 I enjoy ride on roller coasters.

ここがNG ▸▸▸ 動詞（どうし）の形が正しくない

enjoyのあとの動詞（どうし）は-ing形にするルールなので，I enjoy riding on roller coasters.が正しい。このようなルールは動詞（どうし）によって異なるので，模範解答（もはんかいとう）を参考に動詞（どうし）とセットで覚えておこう。

. . . .

NG解答例 Second, skiing is excited.

ここがNG ▸▸▸ 適切（てきせつ）な語彙（ごい）が使えていない

excitedは「（人が）わくわくしている」，excitingは「（物事が）わくわくするような」という意味。ここでは「スキーをすること」（物事）に対する形容詞（けいようし）として，excitingを用いるのが正しい。

自分の解答をレビューしてみよう！

振り返り&
達成度チェック

内容

		OK	まあまあ	NG
Check 1	「自分の考え」がはっきりしているか	☐	☐	☐
Check 2	説得力のある「理由」が2つあるか	☐	☐	☐
Check 3	QUESTIONに関係のない内容が含まれていないか	☐	☐	☐

構成

		OK	まあまあ	NG
Check 4	First, Second, Alsoなどを用いて理由を説明しているか	☐	☐	☐
Check 5	25語〜35語を目安に書けているか	☐	☐	☐

語彙

		OK	まあまあ	NG
Check 6	言葉を正しい意味とつづりで書いているか	☐	☐	☐
Check 7	同じ言葉ばかりにならないよう表現を工夫しているか	☐	☐	☐
Check 8	日本語をローマ字で表現していないか	☐	☐	☐

文法

		OK	まあまあ	NG
Check 9	文頭は大文字にしているか	☐	☐	☐
Check 10	ピリオドがついているか	☐	☐	☐
Check 11	主語や時制に合う動詞の形を使っているか	☐	☐	☐
Check 12	名詞の単数形・複数形は適切か	☐	☐	☐

目標時間 15分

Unit 3

● あなたは，外国人の友達から以下のQUESTIONをされました。
● QUESTIONについて，あなたの考えとその理由を2つ英文で書きなさい。
● 語数の目安は25語〜35語です。
● 解答がQUESTIONに対応していないと判断された場合は，0点と採点されることがあります。QUESTIONをよく読んでから答えてください。

QUESTION

Which do you like the best, breakfast, lunch or dinner?

> どこで誰と食べるのか，何を食べるのが好きかなどを考えてみよう。

メモを書こう

考え	
	●
	●
	●
理由	●
	●
	●

解答を書こう ✏️

5

10

breakfast を選んだ場合

メモの例

考え	朝食
理由	●母が作る朝ごはんはおいしい　⇒理由1 ●朝はお腹が空いている ●トーストが好き ●紅茶が好き ●父と話せる　⇒理由2

模範解答　　　　　　　　　　　　　　　》) 03-A

I like breakfast the best. My mother always makes a delicious breakfast. Also, I can talk with my father while we eat breakfast. I cannot see him at dinner because he is very busy.　　　（34語）

訳

QUESTION：あなたは朝食，昼食，夕食ではどれがいちばん好きですか。

私は朝食がいちばん好きです。私の母はいつも，とてもおいしい朝食を作ります。また，私は朝食を食べる間に父と話ができます。彼はとても忙しいので，夕食時は彼に会えません。

解説

　「朝食」「昼食」「夕食」の３つの中でどれがいちばん好きかをたずねられている。
模範解答は「朝食」を選んだ場合で，理由として「母が作る朝食がおいしい」「父
と話せる」の２つを挙げている。

考え

　解答ではまず，質問に対する直接的な答えを書く。Which do you like the
best, A, B or C? のタイプのQUESTIONには，AかBかCかを選び，I like ～ the
best. の形で答えよう。それぞれの食事の場面を思い出して，好きな理由が書きや
すいものを選ぶことがポイント。

理由

　模範解答は，I like ～ the bestの形で「朝食がいちばん好き」と書いたあと，
「母はいつも，とてもおいしい朝食を作る」と１つ目の理由を説明している。

　２つ目の理由は，Alsoを使って「父と話ができる」と書いている。while「～す
る間」という意味の接続詞も使えるようにしておくとよい。4文目は，3文目の補
足説明である。この２つの文で「夕食時に会えない父と朝食のときに話せる」と
いう理由になっている。

　この模範解答のように，２つ目の理由の前にAlsoを使えば，１つ目の理由の前
にFirstを使わなくてもよい。

語句

□ always　いつも
□ delicious　とてもおいしい
□ talk with ～　～と話す
□ while　～する間
□ at dinner　夕食時に
□ busy　忙しい

lunch を選んだ場合

メモの例

考え	昼食
理由	●学校で食べられる　⇒理由1 ●友達と食べられる　⇒理由1 ●父の作るサンドイッチがおいしい　⇒理由2 ●朝は急いで食べないといけない ●夕食は残してしまうことがある

模範解答

))) 03-B

I like lunch the best. I have two reasons. First, it is fun to eat lunch at school with my friends. Second, my father often makes me delicious sandwiches for lunch.

(31語)

訳

QUESTION：あなたは朝食，昼食，夕食ではどれがいちばん好きですか。

私は昼食がいちばん好きです。理由が2つあります。第1に，学校で友達と昼食を食べるのは楽しいです。第2に，私の父はよく，昼食用に私にとてもおいしいサンドイッチを作ってくれます。

模範解答は「昼食」を選んだ場合で，理由として「学校で友達と食べるのが楽しい」「父が作るサンドイッチがおいしい」の2つを挙げている。

考え

Which do you like the best, A, B or C? に対し，I like ～ the best. で文を始める。なお，Which season[subject] do you like the best?「あなたはどの季節［科目］がいちばん好きですか」のように，A, B or Cのない形もあるので覚えておこう。

理由

模範解答は，自分の考えを1文で書いたあと，I have two reasons. と前置きをしてから，First, ..., Second, ... で2つの理由を1文ずつで書いている。

1つ目の理由として，「学校で友達と食べるのが楽しい」という昼食ならではの点について述べているのがポイント。2つ目の理由としては，具体的に昼食に食べるものについて書いている。

4文目は，I love the sandwiches my father makes me.「父が私に作ってくれるサンドイッチが大好きです」，The sandwiches my father makes me are delicious.「父が私に作ってくれるサンドイッチはとてもおいしいです」のように，my father makes me が名詞（the sandwiches）を修飾する文にすることもできる。

語句

□ often　よく，しばしば
□ make A B　A（人）にB（もの）を作る
□ sandwich　サンドイッチ

ここを直そう！NG解答例

NG解答例 I have lunch at school with my friends. I usually eat sandwiches.

ここがNG ▶▶▶ 理由が書けていない

「朝食，昼食，夕食ではどれがいちばん好きか」という質問なので，「どれが好きか」と「その理由」を書かなければならない。この例はふだんの昼食の状況を説明しているだけで，昼食が好きな理由が伝わらない。1文目は質問に対する直接的な答えになることが望ましいので，ここではI like ～ the best.「～がいちばん好きです」の形で明確に書こう。

NG解答例 I like best breakfast.

ここがNG ▶▶▶ 最上級の文を正しく書けていない

「～がいちばん好き」はI like ～ the best.である。正しい語順で書こう。

NG解答例 I like breakfast, but I like dinner, too.

ここがNG ▶▶▶ 自分の考えが一貫していない

「自分の考え」は1つだけにすること。「朝食が好きですが夕食も好きです」のような，考えがまとまっていない解答は，減点対象となる。同様に，I like breakfast. I can have dessert for dinner.「私は朝食が好きです。夕食ではデザートが食べられます」のように，Aを選んだのにBの良い点などを書いてはいけない。

NG解答例 I like dinner because it is good.

ここがNG ▶▶▶ 理由が具体的でない

「夕食が好き」な理由として「夕食がおいしいから」では理由として説得力に欠ける。There are many kinds of dishes.「多くの種類の料理がある」など，夕食ならではの具体的な理由を挙げよう。

自分の解答をレビューしてみよう！

振り返り&
達成度チェック

内容

		OK	まあまあ	NG
Check 1	「自分の考え」がはっきりしているか	☐	☐	☐
Check 2	説得力のある「理由」が2つあるか	☐	☐	☐
Check 3	QUESTIONに関係のない内容が含まれていないか	☐	☐	☐

構成

		OK	まあまあ	NG
Check 4	First, Second, Also などを用いて理由を説明しているか	☐	☐	☐
Check 5	25語〜35語を目安に書けているか	☐	☐	☐

語彙

		OK	まあまあ	NG
Check 6	言葉を正しい意味とつづりで書いているか	☐	☐	☐
Check 7	同じ言葉ばかりにならないよう表現を工夫しているか	☐	☐	☐
Check 8	日本語をローマ字で表現していないか	☐	☐	☐

文法

		OK	まあまあ	NG
Check 9	文頭は大文字にしているか	☐	☐	☐
Check 10	ピリオドがついているか	☐	☐	☐
Check 11	主語や時制に合う動詞の形を使っているか	☐	☐	☐
Check 12	名詞の単数形・複数形は適切か	☐	☐	☐

Unit 4

- あなたは,外国人の友達から以下のQUESTIONをされました。
- QUESTIONについて,あなたの考えとその理由を2つ英文で書きなさい。
- 語数の目安は25語～35語です。
- 解答がQUESTIONに対応していないと判断された場合は,0点と採点されることがあります。QUESTIONをよく読んでから答えてください。

QUESTION

Where do you often go on weekends?

> Whereで始まる点と,習慣を聞かれている点に注意しよう。

メモを書こう

考え	
理由	●
	●
	●
	●
	●
	●

解答を書こう

5

10

my aunt's house と答える場合

メモの例

考え	おばの家
理由	●おばの家が近くにある ⇒理由1 ●おばのことが好きで仲良し ⇒理由1 ●2人で話すのが好き ●一緒にお菓子作りをするのが好き ⇒理由2

模範解答

))) 04-A

I often go to my aunt's house on weekends. She lives near my house, and I like her very much. Also, baking cookies and cakes with her is a lot of fun.

(32語)

訳

QUESTION：あなたは週末にどこへよく行きますか。

私は週末におばの家によく行きます。彼女は私の家の近くに住んでいて，私は彼女が大好きです。また，彼女と一緒にクッキーやケーキを焼くのはとても楽しいです。

解説

QUESTION は Where から始まっていて，「週末によく行く場所」がたずねられている。often や usually を含む QUESTION には「ふだんのこと」「習慣」を答える点に注意。模範解答は「おばの家」と答えた場合で，理由として「おばが好き」「おばと一緒にクッキーやケーキを焼くのが楽しい」の2つを挙げている。

考え

解答ではまず，質問に対する直接的な答えを書く。Where 〜? のタイプの QUESTION には，「場所」を1つ考えて答える。ここでは Where do you often go on weekends? に対し，1文目は〈I often go to ＋場所（＋ on weekends）.〉の形で書くとよい。

理由

模範解答は，I often go to 〜 on weekends. の形で週末によく行く場所として「おばの家」と答えたあと，2つの理由を続けている。

1つ目の理由では，「おばが家の近くに住んでいる」「おばが好き」を and でつないで1文で表している。2つ目の理由は Also, ... の文にある。「〜することは…だ」はこのように動名詞（動詞の -ing 形）を主語にして表すことができる。It is a lot of fun to bake cookies and cakes with her. と表してもよい。a lot of fun は「とても楽しい」という意味。

語句

- □ often　よく，しばしば
- □ on weekends　週末に
- □ aunt　おば
- □ near　〜の近くに
- □ bake　〜を焼く
- □ cookie　クッキー
- □ cake　ケーキ
- □ a lot of 〜　たくさんの〜

the park と答える場合

メモの例

考え	公園
理由	●友達がいる ●外で体を動かしたい　⇒理由2 ●勉強の息抜きがしたい　⇒理由2 ●自転車に乗りたい　⇒理由1 ●家で遊ぶのは退屈

模範解答　　　　　　　　　　　　　　　))) 04-B

I usually go to the park. I have two reasons. First, I like riding my bike there. Second, I have to study a lot on weekdays, so I want to play outside on weekends.

(34語)

訳

QUESTION：あなたは週末にどこへよく行きますか。

私はたいてい公園に行きます。理由が2つあります。第1に，私はそこで自転車に乗るのが好きです。第2に，平日はたくさん勉強しなければならないので，週末は外で遊びたいです。

解説

　模範解答は「公園」と答える場合で，理由として「自転車に乗るのが好き」「外で遊びたい」の2つを挙げている。

考え

　Where do you often go on weekends? に対し，この模範解答ではI usually go to ～の形で答えている。このように，often, usually, always, every dayなど，習慣を述べるときによく一緒に使われる語句はいろいろあるので使い分けよう。

理由

　模範解答は，自分の考えを1文で書いたあと，I have two reasons. と前置きをしてから，First, ..., Second, ... で2つの理由を1文ずつで書いている。

　2つ目の理由のon weekdays「平日に」は，週末（weekends）に関する質問をされたときに使える便利な表現なのでぜひ覚えておこう。weekdaysを忘れた場合は，after school「放課後」など知っている言葉で表せばよい。その場合，I am busy after school every day, so ...「私は毎日放課後忙しいので，…」などと表現できるだろう。

　4文目の〈～, so ...〉「～なので…」も〈理由→結果〉を表したいときに便利な表現なので，覚えておこう。

語句

☐ usually　ふだん，たいてい
☐ ride　～に乗る
☐ have to ～　～しなければならない
☐ a lot　たくさん
☐ on weekdays　平日に
☐ play　遊ぶ
☐ outside　外で

ここを直そう! NG解答例 .....

NG解答例 I often cook with my aunt.

ここがNG ▸▸▸ QUESTIONに対応した解答になっていない

Where do you often go on weekends? は「どこに行くか」という質問なので, 〈go to ＋場所〉「(場所) に行く」を使って答える必要がある。この例はI often で文を始めているものの,「場所」を答えていないので不適切。What do you often do on weekends?「週末はよく何をしますか」という質問に合う答えである。解答が質問に対応していない場合, ０点と採点されることがあるので注意しよう。

.....

NG解答例 I will go to my aunt's house next weekend.

ここがNG ▸▸▸ 「習慣」について答えられていない

oftenやusuallyを含むQUESTIONには, 〈I often[usually] ＋動詞の現在形〉で答えよう。I will ～ (未来) やI went to ～ (過去) と答えてはいけない。

.....

NG解答例 i go to my aunts House everyday

ここがNG ▸▸▸ 英文の書き方が適切ではない

I go to my aunt's house every day. が正しい文。「文頭は大文字で書く」「Iや固有名詞以外は小文字で書く」「文の最後にはピリオドをつける」「『～の』はアポストロフィ (') を入れる」といった, 文を書くときのルールを守ること。また, 動詞を修飾する「毎日」はevery dayの２語で表す。語と語の間を適切に空けて, 相手に読みやすい英文を書くように心がけよう。

.....

NG解答例 Baking cookies with her is funny.

ここがNG ▸▸▸ 適切な語彙が使えていない

funnyは物事や人の行動などが「おかしな, 笑わせる」という意味なので注意。「楽しい (こと)」にはfunを使おう。

自分の解答をレビューしてみよう！

振り返り&
達成度チェック

内容

		OK	まあまあ	NG
Check 1	「自分の考え」がはっきりしているか	☐	☐	☐
Check 2	説得力のある「理由」が2つあるか	☐	☐	☐
Check 3	QUESTIONに関係のない内容が含まれていないか	☐	☐	☐

構成

		OK	まあまあ	NG
Check 4	First, Second, Also などを用いて理由を説明しているか	☐	☐	☐
Check 5	25語〜35語を目安に書けているか	☐	☐	☐

語彙

		OK	まあまあ	NG
Check 6	言葉を正しい意味とつづりで書いているか	☐	☐	☐
Check 7	同じ言葉ばかりにならないよう表現を工夫しているか	☐	☐	☐
Check 8	日本語をローマ字で表現していないか	☐	☐	☐

文法

		OK	まあまあ	NG
Check 9	文頭は大文字にしているか	☐	☐	☐
Check 10	ピリオドがついているか	☐	☐	☐
Check 11	主語や時制に合う動詞の形を使っているか	☐	☐	☐
Check 12	名詞の単数形・複数形は適切か	☐	☐	☐

Unit 5

- あなたは，外国人の友達から以下のQUESTIONをされました。
- QUESTIONについて，あなたの考えとその理由を2つ英文で書きなさい。
- 語数の目安は25語～35語です。
- 解答がQUESTIONに対応していないと判断された場合は，0点と採点されることがあります。QUESTIONをよく読んでから答えてください。

QUESTION

What do you like to talk about with your friends?

> aboutを使った文の
> 書き方に気をつけよう。

メモを書こう ✏

考え	
理由	●
	●
	●
	●
	●
	●

解答を書こう 🖉

5

10

soccer と答える場合

メモの例

考え	サッカー
理由	●サッカーをするのが好き　⇒理由1 ●サッカー部に入っている　⇒理由1 ●親友もサッカーが好き ●好きな選手の話をするのが楽しい　⇒理由2

模範解答　　　　　　　　　　　　　　　　))) 05-A

I like to talk about soccer with my friends. I like soccer, and I'm on the soccer team. We often talk about our games. We also enjoy talking about our favorite players.

(32語)

訳

QUESTION：あなたは友達と一緒に何について話すのが好きですか。

私は友達とサッカーについて話すのが好きです。私はサッカーが好きで、サッカー部に入っています。私たちはよく自分たちの試合について話します。私たちはまた、好きな選手について話すことも楽しみます。

解説

　「友達と何について話すのが好きか」をたずねられている。ふだん友達と何を話しているかを思い出して，好きな話題を１つ考えて答えるとよい。模範解答は「サッカー」と答えた場合で，理由として「サッカーが好きで，サッカー部に入っている」「好きな選手について話すのが楽しい」の２つを挙げている。

考え

　解答ではまず，質問に対する直接的な答えを書く。What do you like to ～? のタイプのQUESTIONには，〈I like to＋動詞の原形 ～〉の形で答える。ここでは，What do you like to talk about with your friends? に対し，１文目はI like to talk about ～ with my friends. の形で答えるとよい。talk aboutのaboutを忘れないように注意。

理由

　模範解答では，友達と話すのに好きな話題として「サッカー」と答えたあと，２文目で「サッカーが好きで，サッカー部に入っている（から）」という１つ目の理由を説明している。３文目は２文目の補足で，友達と話す内容について具体的に「試合について話す」と説明している。学校の部活動を述べるときは，運動部ならI am in[on] the ～ team, 文化部ならI am in the ～ clubと表そう。

　２つ目の理由では主語をWeにして，We also enjoy talking ... と説明している。このように，alsoは文中に使うことができ，「（試合だけでなく）好きな選手について話すのも楽しい」という内容になる。

語句

□ talk about ～　～について話す
□ game　試合
□ favorite　大好きな，お気に入りの
□ player　選手

school と答える場合

メモの例

考え	学校
理由	●学校が楽しい ●授業が楽しい ●友達がみんなおもしろい　⇒理由1 ●部活のみんなとよく話す ●人気の先生について話す　⇒理由2

模範解答

))) 05-B

I like to talk about school. There are many interesting students in my school. Also, we like to talk about our teachers. For example, our English teacher is very popular among the students.

(33語)

訳

QUESTION：あなたは友達と一緒に何について話すのが好きですか。

私は学校について話すのが好きです。私の学校にはたくさんのおもしろい生徒がいます。また，私たちは先生たちについて話すのも好きです。例えば，私たちの英語の先生は生徒の間でとても人気があります。

解説

模範解答は「学校」を選んだ場合で，理由として「おもしろい生徒がたくさんいる」「先生について話す」の2つを挙げている。

考え

What do you like to talk about with your friends? に対し，I like to talk about 〜 with my friends. で文を始める。「〜」の部分には名詞が入ることに注意しよう。with my friends はなくてもよい。

理由

模範解答では，自分の考えを1文で書いたあと，2文目で1つ目の理由を説明している。There are many 〜は「〜がたくさんある［いる］」という意味。

2つ目の理由はAlsoで始まり，「先生たちについて話すのが好き」と書いたあと，For example を使ってその具体的な例として生徒に人気のある英語の先生を挙げて説明している。このように，具体的な例を挙げると読み手に説得力のある理由になる。

人に対して interesting を用いると，funny とは違い，興味をそそる人，気になる人といった意味合いになる。「〜に［の間で］人気がある」はpopular among 〜と表す。

語句

□ interesting　おもしろい，興味深い
□ for example　例えば
□ popular among 〜　〜の間で人気のある

ここを直そう! NG 解答例

NG解答例 I like to talk with my friends because it is fun.

ここがNG ▸▸▸ QUESTION に対応した解答になっていない

この例は「楽しいので，私は友達と話すことが好き」という意味だが，「友達と何について話すのが好きか」という質問の答えになっていない。QUESTION の What に対して「何」を答えることと，talk about 〜「〜について話す」を理解することがポイント。ほかに，with your friends の部分を無視して家族との話について書いてもいけない。解答を書き終わって見直しをする際に，もう一度 QUESTION をよく読んで，適切な内容になっているかをチェックしよう。

....

NG解答例 I like to talk soccer.

ここがNG ▸▸▸ 適切な前置詞が使えていない

QUESTION にもある talk about の about が抜けている。1 文目の「自分の考え」は QUESTION の語句をそのまま利用してよいので，注意して QUESTION を読もう。

....

NG解答例 I like to talk about soccer. Because I am on the soccer team.

ここがNG ▸▸▸ because の節を単独で使っている

because「（なぜなら）〜だから」は接続詞で，あとに〈主語＋動詞〉を続けるが，このように because の節を単独で使うのは誤りなので注意しよう。I like to talk about soccer because I am ...のように，前の文とつなげて書くこと。

....

NG解答例 There is many interesting student in my school.

ここがNG ▸▸▸ 単数形・複数形が正しくない

名詞や動詞は単数形か複数形かを常に意識しよう。この文では many を使って「生徒がたくさんいる」ことを伝えているので，be 動詞は複数形の are，名詞も複数形の students にしなければならない。

自分の解答をレビューしてみよう！

振り返り&
達成度チェック

内容
ないよう

		OK	まあまあ	NG
Check 1	「自分の考え」がはっきりしているか	☐	☐	☐
Check 2	説得力のある「理由」が2つあるか	☐	☐	☐
Check 3	QUESTIONに関係のない内容が含まれていないか	☐	☐	☐

構成
こうせい

		OK	まあまあ	NG
Check 4	First, Second, Alsoなどを用いて理由を説明しているか	☐	☐	☐
Check 5	25語～35語を目安に書けているか	☐	☐	☐

語彙
ご い

		OK	まあまあ	NG
Check 6	言葉を正しい意味とつづりで書いているか	☐	☐	☐
Check 7	同じ言葉ばかりにならないよう表現を工夫しているか	☐	☐	☐
Check 8	日本語をローマ字で表現していないか	☐	☐	☐

文法

		OK	まあまあ	NG
Check 9	文頭は大文字にしているか	☐	☐	☐
Check 10	ピリオドがついているか	☐	☐	☐
Check 11	主語や時制に合う動詞の形を使っているか	☐	☐	☐
Check 12	名詞の単数形・複数形は適切か	☐	☐	☐

Chapter 3
模擬テスト

目標時間 **15** 分

Test 1

- あなたは，外国人の友達から以下のQUESTIONをされました。
- QUESTIONについて，あなたの考えとその理由を2つ英文で書きなさい。
- 語数の目安は25語〜35語です。
- 解答は，ライティング解答欄に書きなさい。なお，解答欄の外に書かれたものは採点されません。
- 解答がQUESTIONに対応していないと判断された場合は，0点と採点されることがあります。QUESTIONをよく読んでから答えてください。

QUESTION

Which do you like better, singing or playing sports?

MEMO

ライティング解答欄

5

10

singing を選んだ場合

))) 06-A

I like singing better than playing sports, and I have two reasons. First, it is fun to learn English by singing English songs. Second, I feel relaxed when I sing.

（30語）

訳

QUESTION：あなたは歌うのとスポーツをするのとではどちらの方が好きですか。

私はスポーツをするよりも歌う方が好きで，理由が2つあります。第1に，英語の歌を歌うことで英語を学ぶことが楽しいです。第2に，私は歌を歌うとリラックスします。

解説

はじめに自分の考えを短く述べる。Which do you like better, A or B?のタイプのQUESTIONなので，I like ～ better than ... の形で答える。模範解答ではそのあと First, ... Second, ... という表現を使って理由を述べている。it is ～ to ...「…することは～だ」はとても便利な表現なのでぜひ使えるようにしておこう。song は数えられる名詞なので，「歌を歌う」は sing a song もしくは sing songs になることに注意。

語句

☐ like -ing　～することが好きだ
☐ fun　楽しいこと
☐ learn　～を学ぶ
☐ feel　～と感じる
☐ relaxed　くつろいだ，リラックスした

playing sports を選んだ場合

模範解答

))) 06-B

I like playing sports better than singing. I have two reasons. First, I play dodgeball at school every day, and I am very good at it. Second, we can make many friends by playing sports.

(35語)

訳

QUESTION：あなたは歌うのとスポーツをするのとではどちらの方が好きですか。

私は歌うよりもスポーツをする方が好きです。理由が２つあります。第１に，私は毎日学校でドッジボールをしていて，それがとても得意です。第２に，スポーツをすることで私たちは友達をたくさん作ることができます。

解説

I have two reasons. と前置きをしてからFirst, ... Second, ... と理由を述べている。最初の理由はandを用いて「毎日ドッジボールをしている」「それが得意」という内容をつなげている。I am good at ～「～が上手［得意］だ」，by -ing「～することで」はどれも英作文で使えると便利な表現なので，覚えておこう。

語句

□ every day　毎日（everydayと１語で書くと「毎日の」という形容詞の意味になるので注意。１語に見えないように単語と単語の間をしっかりと空けて書くこと）
□ make a friend　友達を作る

Test 2

- あなたは，外国人の友達から以下のQUESTIONをされました。
- QUESTIONについて，あなたの考えとその理由を2つ英文で書きなさい。
- 語数の目安は25語〜35語です。
- 解答は，ライティング解答欄に書きなさい。なお，解答欄の外に書かれたものは採点されません。
- 解答がQUESTIONに対応していないと判断された場合は，0点と採点されることがあります。QUESTIONをよく読んでから答えてください。

QUESTION

Which do you prefer, watching movies in a movie theater or at home?

MEMO

ライティング解答欄

● 指示事項を守り，文字は，はっきりと分かりやすく書いてください。
● 太枠に囲まれた部分のみが採点の対象です。

5

10

in a movie theater を選んだ場合

模範解答))) 07-A

I prefer watching movies in a movie theater for two reasons. First, I like to watch movies on a big screen. Second, they sell delicious popcorn in my local movie theater.

(31語)

訳

QUESTION：あなたは映画館と自宅とではどちらで映画を見る方を好みますか。

私は，2つの理由から，映画館で映画を見る方が好きです。第1に，私は大きな画面で映画を見ることが好きです。第2に，私の地元の映画館ではおいしいポップコーンを売っています。

解説

QUESTIONはWhich do you prefer, A or B?で，よくあるWhich do you like better, ...?と同じ意味となる。比較しているのはin a movie theater「映画館で」とat home「自宅で」であることを押さえよう。QUESTIONではmoviesと複数形になっているので，解答でもその形にそろえるとよい。模範解答のように，自宅ではなく映画館で見る場合の特徴を考えて書くこと。

語句

☐ prefer　〜の方を好む
☐ movie theater　映画館
☐ screen　画面
☐ local　地元の

82

at home を選んだ場合

模範解答

))) 07-B

I like to watch movies at home better because it is cheaper. Also, it is fun to talk about the story or actors with my family while we watch.

(29語)

訳

QUESTION：あなたは映画館と自宅とではどちらで映画を見る方を好みますか。

私は自宅で映画を見る方が好きです。なぜなら，その方が安いからです。また，見ながらストーリーや俳優について家族と話すのは楽しいです。

解説

この模範解答のように，〈because＋主語＋動詞〉を使って1文目に1つ目の理由を含めることができる。このとき，2つ目の理由はAlsoで始めるとよい。また，比較級を含むQUESTIONへの答えでは，than以下を省略できる。cheaperはcheapの比較級で，ここでは「映画は家で見る方が（映画館で見るよりも）安い」という意味である。because ...「（なぜなら）…だから」，when ...「…するとき」，while ...「…しながら」のような，あとに〈主語＋動詞〉を続けて使う接続詞も積極的に使ってみよう。

語句

☐ cheap　安い
☐ also　また
☐ talk about 〜　〜について話す
☐ actor　俳優
☐ while　〜する間，〜しながら

目標時間 **15** 分

Test 3

- あなたは，外国人の友達から以下のQUESTIONをされました。
- QUESTIONについて，あなたの考えとその理由を2つ英文で書きなさい。
- 語数の目安は25語～35語です。
- 解答は，ライティング解答欄に書きなさい。なお，解答欄の外に書かれたものは採点されません。
- 解答がQUESTIONに対応していないと判断された場合は，0点と採点されることがあります。QUESTIONをよく読んでから答えてください。

QUESTION

What kind of pet would you like to have?

MEMO

ライティング解答欄

● 指示事項を守り，文字は，はっきりと分かりやすく書いてください。
● 太枠に囲まれた部分のみが採点の対象です。

5

10

a hamster と答える場合

))) 08-A

模範解答

I would like to have a hamster. Hamsters are cute, and it is easy to take care of them. Also, my family lives in a small apartment, so we cannot have a big animal.

（34語）

訳

QUESTION：あなたはどんな種類のペットを飼いたいですか。

私はハムスターを飼いたいです。ハムスターはかわいくて，それらの世話をするのは簡単です。また，私の家族は小さなアパートに住んでいるので，私たちは大きな動物を飼うことができません。

解説

What kind of ～? のQUESTIONには種類を答える。ここでは飼いたいペット（動物）を1つ考えて，〈I would like to have a[an] ＋動物名.〉の形で書けばよい。模範解答では，ハムスターの魅力を1つ目の理由，大きなペットが飼えない事情を2つ目の理由としている。2文目のように節をandでつなげる場合は，andの前にカンマがあるとよい。A, so B.「Aだから，B」の書き方もあわせて確認しておこう。

語句

□ would like to ～　～したい（want to ～よりていねいな言い方）
□ have　（動物）を飼う
□ cute　かわいい
□ take care of ～　～を世話する
□ apartment　アパート，マンション

86

a dog と答える場合

）) 08-B

模範解答

I would like to have a dog because I love playing with dogs. My grandmother has a dog, and I often play with him. Also, I think dogs are very smart.

(31語)

訳

QUESTION：あなたはどんな種類のペットを飼いたいですか。

私は犬を飼いたいです。なぜなら，私は犬と遊ぶのが大好きだからです。私の祖母は犬を飼っていて，私はよくその犬と遊びます。また，私は犬はとてもかしこいと思います。

解説

QUESTIONの表現をそのまま利用して would like to ～の形で答える。2文目のMy grandmother ... は1つ目の理由「犬と遊ぶのが大好き」の補足説明になっている。このように自分のふだんの行動などについて具体的に書けると，読み手に伝わりやすいだろう。I think (that) ...「私は…だと思う」はとても便利な表現なので，ぜひ使えるようにしておこう。

語句

□ love -ing　～するのが大好きだ
□ smart　かしこい

87